[illegible]PPLÉMENT AU MESSAGER DU CŒUR DE JÉSU[illegible]

([illegible]vraison d'Avril, [illegible])

NOTICE

SUR LE BIENHEUREUX

[illegible]HOMAS [illegible]

PRÊTRE

[illegible]MÔNIER DU ROI [illegible]

[illegible] en 1187. — Mort [illegible]

Béatifié en 18[illegible]

TOULOU[illegible]

CHEZ Mlle PIGNES, [illegible]

OU

[illegible]HEZ LES MISSIONNAI[illegible]

par Beaumont-Hag[illegible]

18[illegible]

SUPPLÉMENT AU MESSAGER DU CŒUR DE JÉSUS
(Livraison d'Avril, 1884).

NOTICE

SUR LE BIENHEUREUX

THOMAS HÉLYE

PRÊTRE

AUMONIER DU ROI SAINT LOUIS

Né en 1187. — Mort en 1257.
Béatifié en 1859.

TOULOUSE
CHEZ Mlle PIGNÈS, PLACE ROUAIX, 9
OU
CHEZ LES MISSIONNAIRES DE BIVILLE
par Beaumont-Hague (Manche).

1884

Si l'auteur de cette Notice donne quelquefois au bienheureux Thomas Hélye le titre de SAINT, c'est uniquement par vénération pour le Thaumaturge et non pour prévenir le jugement de l'Église dont il est et veut toujours être l'enfant le plus dévoué et le plus soumis.

H. P. B.

Vu et permis d'imprimer :

Toulouse, le 25 mars 1884.

† FL., Card. DESPREZ, *Archev. de Toulouse.*

N. B. — On est prié d'adresser les offrandes ainsi que les recommandations de malades, demandes de messes ou autres prières, aux Missionnaires de Biville, par Beaumont-Hague (Manche). — Mlle Pignès place Rouaix, 9, à Toulouse (Haute-Garonne), se charge de faire parvenir aux missionnaires les offrandes qu'on voudra bien lui remettre.

Nous bénissons l'œuvre de tout cœur et la recommandons instamment à la charité des âmes chrétiennes.

† ABEL, *évêque de Coutances et Avranches.*

NOTICE

SUR LE

B. THOMAS HÉLYE

Le diocèse de Coutances se prépare à célébrer au mois de juillet prochain, avec une pompe extraordinaire, le vingt-cinquième anniversaire de la béatification du *bienheureux Thomas Hélye*, aumônier du roi saint Louis, et la presse nous apporte un double vœu exprimé par Mgr l'Évêque de Coutances de voir se répandre au loin le culte de ce Bienheureux et grandir autour de son tombeau le nombre déjà si grand des pieux pèlerins. Le vœu du Vénéré Pontife fut communiqué de vive voix au R. P. Ramière au mois de décembre dernier. Cet apôtre de toutes les bonnes œuvres l'accueillit avec bonheur, et, pour en mieux seconder la réalisation, *il voulut bien de lui-même,* peu de jours avant sa mort, proposer l'insertion dans le *Messager* d'une Notice sur la vie, les vertus et les miracles de ce serviteur de Dieu.

La Notice nous est parvenue; nous sommes

heureux de la publier aujourd'hui, non pas dans le *Messager* (l'abondance des matières ne nous le permet pas), mais dans un supplément spécial de la livraison d'avril. Nos amis voudront bien l'accueillir comme l'expression de l'un des derniers désirs du regretté P. Ramière, et comme un hommage rendu par lui au diocèse de Coutances, si dévoué aux intérêts du Cœur de Jésus. Nous la recommandons particulièrement à ceux qui, sous une forme ou sous une autre, consacrent leur vie à l'instruction et à l'éducation des enfants, et, volontiers, nous leur proposerions le bienheureux Thomas Hélye comme un modèle et un patron; car il ne fut pas seulement un homme puissant en paroles et en œuvres, mais il fut encore un grand ami de l'enfance et un instituteur modèle.

Cette Notice est extraite *d'une biographie* rédigée en latin en 1274 environ, par un prêtre nommé Clément, et d'*un poème* en langue hague (langue du pays), composé au plus tard trente ou quarante ans après la mort du Bienheureux. On ne peut désirer de sources plus authentiques (1).

La Rédaction du *Messager*.

(1) La biographie latine de Clément est insérée dans les *Acta Sanctorum* au 19 octobre, t. LVI, p. 606 et suivantes. Elle est suivie de la relation faite par le même auteur des premiers miracles opérés par l'intercession du B. Thomas Hélye, et parmi lesquels figurent *plusieurs résurrections de morts*. Le manuscrit original du poème n'existe plus; on n'en a qu'une copie faite au dix-septième siècle et souvent incorrecte au point de vue du style. La traduction des passages cités dans cette notice est calquée sur le poème normand sans aucune prétention poétique.

I

Enfance de Thomas Hélye : Il exerce les fonctions d'instituteur. — Sa maladie. — Sa retraite à Biville. — Ses progrès dans la vertu et la dévotion à Marie.

Le bienheureux Thomas Hélye naquit à Biville (1) vers l'an 1187, de parents profondément chrétiens. Dès qu'ils aperçurent en lui les premières lueurs de la raison, ils le confièrent à des maîtres zélés pour former son intelligence à la connaissance des lettres et son cœur à la vertu. Thomas répondit à tant de soins par une application extraordinaire à l'étude et aux choses de la religion, et devint, en peu de temps, *un habile grammairien* et *un ange de piété*. Il se fit surtout remarquer par son attrait presque passionné pour la prière et le recueillement ; son maintien était toujours grave, et sa conversation toujours édifiante. L'ombre même du péché lui faisait horreur, et il évitait, avec une attention extrême, la société des enfants ou des jeunes gens dont la fréquentation aurait pu être funeste à l'innocence de son cœur.

Ses études terminées, Dieu lui inspira l'idée de consacrer sa vie et ses forces aux fonctions si délicates et si pénibles d'instituteur chrétien. C'était à cette époque un emploi peu recherché ; aussi la famille fit-elle à cette vocation une forte opposition. Mais le Seigneur avait parlé ; Thomas obéit

(1) Biville est située à l'extrémité nord du diocèse de Coutances, sur un des rivages les plus pittoresques de la Manche, et à peu de distance de Cherbourg.

à la voix d'en haut sans prendre conseil de la chair ou du sang, et dès lors il se livra tout entier à l'éducation des enfants de Biville et des environs. Ses historiens nous ont laissé un tableau de sa vie à cette époque qui mérite de fixer un instant notre attention. Le matin, devançant l'aurore, il s'acheminait vers le temple du Seigneur, et là s'entretenait avec l'adorable Solitaire de nos autels jusqu'au moment de la classe. L'heure de la classe étant arrivée, il rassemblait autour de lui ses élèves et s'appliquait à leur donner une instruction et une éducation vraiment sérieuses et chrétiennes; s'il lui restait quelques moments libres après la classe, il les employait à réciter les vêpres, à louer et à bénir le Seigneur. Le soir enfin il venait encore à l'église retrouver le Bien-Aimé de son cœur et se délasser avec Lui des fatigues du jour; il examinait sa conscience, demandait pardon à Dieu, et ce n'est qu'après avoir ainsi fortifié et purifié son âme qu'il allait demander au sommeil un peu de repos pour son corps. La vie du Bienheureux n'avait alors rien d'austère; mais elle était si réglée et si parfaite qu'elle excitait, non seulement l'admiration de tous ceux qui en étaient les témoins, mais provoquait encore chez eux une pieuse émulation pour pratiquer les commandements de Dieu.

Le ciel bénit ces efforts et ce dévouement. En peu de temps une transformation complète se produisit dans le pays au double point de vue intellectuel et moral; tous en attribuèrent la gloire au jeune maître, et bientôt son éloge fut dans toutes les bouches.

Frappés de ces succès, les habitants de Cherbourg proposèrent à Thomas la direction de leur école; Thomas vit dans cette proposition un ordre de la Providence; il l'accepta. On sait qu'il fut à Cherbourg ce qu'il avait été ailleurs, un maître distingué en même temps qu'un modèle de vertu et de sainteté. Sa vigilance de tous les instants, l'exquise bonté dont il savait tempérer sa fermeté, la perfection de sa conduite et la clarté de ses enseignements firent de ses élèves des écoliers aussi vertueux qu'instruits. Leur piété devint si ardente qu'au rapport d'un historien, *ils ne connaissaient d'autre chemin que celui de l'église et de l'école.* Aussi la désolation des parents et des enfants fut-elle grande quand la maladie obligea le Bienheureux à se retirer à Biville pour y prendre un repos devenu nécessaire.

Ce temps de maladie et de longue convalescence, si dangereux pour les âmes vulgaires, ne fut point perdu pour notre saint. C'est à cette époque de sa vie qu'il forma le projet de tendre à la plus haute sainteté. Pour y atteindre plus sûrement, il se dépouilla de son patrimoine en faveur de son frère aîné, ne lui demandant en retour *qu'un peu de pain d'orge pour se nourrir, un peu d'eau ponr se désaltérer et un peu de paille pour se coucher;* il lui déclara, en outre, qu'il ne voulait pas être mieux traité chez lui qu'*un chien dans la maison de son maître.* Dès lors aussi les austérités de sa vie pénitente égalèrent celles des saints les plus mortifiés; il se revêtit d'un cilice, commença à jeûner trois fois la semaine au pain et à l'eau, et entreprit trois carêmes par an avec la même rigueur.

Ainsi débarrassé de tout souci terrestre, Thomas

put faire des progrès rapides dans la voie de la perfection ; il ne sortait de la maison de son frère, devenue pour lui une solitude, que pour aller à l'église où il passait la plus grande partie de ses jours et de ses nuits. Les anges seuls connaissent la ferveur des méditations que fit ainsi le Bienheureux au pied des saints autels; seuls ils connaissent l'abondance des larmes qu'il répandit devant le Seigneur; seuls enfin ils connaissent les merveilleuses communications qui durent avoir lieu entre DIEU et son serviteur. Cependant la terre a pu entrevoir ces merveilles; bien des fois, en effet, au rapport des historiens, les personnes qui traversaient le cimetière pendant le calme de la nuit, ont entendu ce saint gémir et soupirer sur ses misères et infliger à sa chair virginale les plus cruelles disciplines.

C'est aussi à cette époque que sa dévotion envers MARIE prit un développement particulier. Au rapport du poète haguais, il passait

..... La nuit en oraisons,
En tous temps, en toutes saisons,
A DIEU, *à la Vierge* MARIE :
Car qui bien aime à tort oublie.

Il ne pouvait prononcer ou entendre prononcer son nom glorieux sans fléchir les genoux par respect; c'était même là sa pratique habituelle lorsqu'il récitait la Salutation angélique. Pour mieux honorer le mystère de l'Annonciation de la sainte Vierge, il en sanctifiait la fête par un jeûne sévère au pain et à l'eau, et par des prières continuelles adressées à la Mère de DIEU.

II

Voyage de Thomas Hélye à Coutances. — Ses pèlerinages. — Ses études théologiques. — Son élévation au sacerdoce.

Tant d'austérités et de vertus ne pouvaient rester cachées aux yeux des hommes. Leur éclat se répandit au loin ; chacun voulut voir l'homme de Dieu, lui parler et se recommander à ses prières ; les ecclésiastiques et les religieux vinrent lui demander l'esprit de mortification et de pénitence. L'Évêque de Coutances lui-même, informé de cette vie extraordinaire, le manda près de sa personne. L'amour de la retraite était grand chez Thomas Hélye ; mais son esprit d'obéissance était encore plus grand. Il quitta donc sa chère solitude et se rendit à Coutances. Après avoir conféré avec lui sur le genre de vie qu'il menait, le Prélat lui conseilla de tempérer un peu la rigueur de sa pénitence et de remédier à la négligence de ses vêtements. « Car, lui dit-il, si les habits somptueux ne sont pas louables, les habits négligés ne le sont point non plus ; la malpropreté ne convient pas à un serviteur de Dieu ; elle n'est pas une preuve de sainteté : l'orgueil peut se cacher sous des haillons comme sous des vêtements précieux. »

Un homme d'une vertu ordinaire n'eût peut-être pas tenu compte de ces avis, et il aurait pu croire se relâcher de sa ferveur en diminuant son austérité ; il y avait là une question d'orgueil et d'amour-propre. Mais Thomas était un saint qui ne demandait qu'à connaître la volonté de Dieu sur lui sans tenir à sa manière de voir. Il reçut ces avis paternels avec reconnaissance et docilité, et promit d'y conformer sa conduite.

Cette promptitude d'obéissance et cette humilité d'esprit frappèrent le Prélat et le convainquirent de la solidité des vertus de son diocésain. Il crut découvrir en lui un flambeau que Dieu voulait allumer au milieu des populations de la Normandie, et songea dès lors à l'utiliser en l'enrôlant dans la milice ecclésiastique.

A l'annonce de ce projet, Thomas fut effrayé; il demanda du temps pour réfléchir et pour prier. L'Évêque lui accorda le délai désiré en lui faisant promettre toutefois de venir le retrouver pour lui communiquer le parti que l'Esprit de Dieu lui aurait inspiré de prendre. Thomas, après avoir reçu la bénédiction du Prélat, retourna dans sa chère solitude. Quelque temps après, il reprit à pied le chemin de Coutances; il y fut accueilli par le saint Évêque avec la joie d'un père qui revoit un fils bien-aimé. Le Pontife, en apprenant de la bouche du Bienheureux tout ce qui s'était passé dans son cœur, adora en silence les desseins de Dieu sur cette âme privilégiée; puis il conféra à Thomas la tonsure et les saints ordres jusqu'au diaconat inclusivement. Mais il ne put le décider à recevoir le sacerdoce. Le digne émule de François d'Assise fut saisi de frayeur à la vue de cette sublime dignité; avant de se laisser imposer les mains, il voulait consulter le Seigneur; il pria son Évêque de l'autoriser à faire les pèlerinages de Rome et de Compostelle. L'Évêque y consentit volontiers, bien persuadé que ces pèlerinages seraient pour le saint diacre une source abondante de grâces et que ces grâces retomberaient en pluies bienfaisantes sur les populations confiées à ses soins.

Le Pontife ne se trompait pas; Thomas Hélye rapporta de ces pèlerinages la résolution d'accepter le sacerdoce, et puisa auprès des tombeaux de saint Pierre, de saint Paul et de saint Jacques l'esprit apostolique qui bientôt devait le transformer lui-même en apôtre de la basse Normandie.

Au retour de ces pieux voyages, il se rendit à Paris pour y suivre, pendant quatre ans, les cours de théologie et se préparer au sacerdoce. Eudes de Châteauroux, plus tard cardinal, était alors chancelier de l'Université de Paris. Thomas eut le bonheur d'avoir à la fois pour professeur et pour directeur de sa conscience Hugues de Saint-Cher, religieux de l'Ordre de Saint-Dominique, cardinal de la sainte Église romaine, si célèbre par ses talents et par les missions délicates que lui confièrent les papes Innocent IV et Alexandre IV. Il s'y fit remarquer, dit son premier biographe, « par son application continuelle à l'étude, par ses jeûnes, ses abstinences, ses disciplines et la sainteté de ses occupations. » Ses condisciples, qui comparurent plus tard comme témoins dans le procès de sa béatification, racontèrent des choses si admirables sur sa conduite que les commissaires apostoliques en furent *émerveillés*, selon l'expression de l'historien.

Ces quatre années passées à Paris furent donc pour le Bienheureux une digne préparation au sacerdoce. L'Évêque de Coutances lui imposa les mains, et le chargea de prêcher l'Évangile dans tout son diocèse. Thomas avait alors quarante ans.

III

Règle de vie du Bienheureux pendant ses missions. — Ferveur de ses prières. — Sa charité. — Ses austérités. — Succès de ses prédications.

A partir de cette époque, le serviteur de Dieu n'eut plus qu'une ambition, sauver des âmes en les sanctifiant par ses *exemples*, ses *prières* et sa *prédication*. A ses yeux, en effet, la parole du missionnaire n'était qu'un simple instrument et non la cause de la sanctification des âmes. Dans la conversion, il s'agit de faire le siège d'un cœur où Satan domine en souverain, de pénétrer dans ce cœur si bien défendu, d'en chasser le péché avec toutes ses conséquences, et enfin sur ces ruines d'établir le règne de Jésus-Christ avec toutes les vertus chrétiennes. Or Notre-Seigneur n'a-t-il pas dit à ses Apôtres que ce pouvoir d'expulsion du démon n'est accordé qu'à la condition d'une prière fervente et d'une vie austère et pénitente ? *Hoc genus non ejicitur nisi per orationem et jejunium* (Math., xvii, 20).

Thomas le savait; aussi devenu missionnaire se montra-t-il toujours fidèle au triple devoir de la mortification, de la prière et de la prédication. Si jusque-là il avait été austère, on peut dire que dès lors il devint cruel envers lui-même, et il lui fallut toute son obéissance pour ne pas franchir les limites, néanmoins de plus en plus étendues, tracées sous ce rapport par l'autorité épiscopale.

Voici le tableau que ses biographes nous ont fait de sa manière de vivre au milieu même de ses missions. Il passait toujours les nuits à l'église ; à la première veille de la nuit, il chantait avec le clerc qui l'accompagnait l'office des morts, les sept psaumes de la pénitence, les quinze psaumes graduels et sept autres psaumes, avec les litanies et oraisons. La présence réelle de Notre-Seigneur Jésus-Christ et les suffrages des saints lui inspiraient pendant ce temps une dévotion inexprimable.

Ces exercices terminés, il congédiait son clerc et lui faisait prendre un peu de repos sur un lit préparé au bas de l'église. Il se livrait lui-même alors à la méditation et à la contemplation des choses célestes ; puis, lorsqu'il croyait son clerc endormi, il se donnait la discipline jusqu'au sang à l'aide d'une courroie qu'il s'était procurée à dessein. Enfin, quand la fatigue le forçait à prendre un peu de sommeil, il le prenait assis sur un banc, ou étendu sur le pavé de l'église, avec un livre ou une pierre sous la tête, et son manteau en guise de couverture.

Le sommeil pris dans ces conditions devait, on le conçoit, être fort court. A minuit, il appelait son clerc avec une douceur admirable : « *Levez-vous, compagnon*, lui disait-il ; *levez-vous, compagnon. Soci, sursum, soci, sursum.* » Puis, il chantait avec lui matines, laudes et prime. Pendant ce chant, son attention était si grande que rien n'était capable de le distraire de la présence de Dieu ; il était toujours debout, à genoux ou prosterné.

Chaque jour il célébrait la sainte messe de grand matin avec des sentiments de piété que le langage humain ne saurait exprimer ; sa dévotion était plutôt celle d'un ange que celle d'un mortel. Après la consécration, il restait longtemps en adoration à la vue du prodige qui venait de s'opérer, et des larmes abondantes s'échappaient de ses yeux. Après la communion, son visage, ordinairement pâle, devenait vermeil, manifestant ainsi l'ardeur de l'amour dont son cœur brûlait pour Jésus-Christ. On comprend que les fidèles, témoins de cette piété angélique, fussent pénétrés d'un respect profond pour ce nouvel apôtre et eussent dans ses prières une confiance sans bornes; on les voyait accourir de loin pour avoir le bonheur d'entendre sa messe; ils se groupaient alors autour de lui et s'approchaient de si près de sa personne qu'il était contraint de charger ses clercs de les éloigner du sanctuaire. Après la messe, ils lui présentaient les malades; le Bienheureux, touché de compassion, leur imposait les mains et souvent obtenait du ciel leur guérison. Clément nous a conservé dans son histoire le récit d'une guérison ainsi obtenue. Jeanne, fille de Richard le Vignon, de la paroisse de Biville, avait depuis longtemps une tache à l'œil gauche ; la tache s'était étendue peu à peu, et, depuis environ un mois, elle couvrait toute la surface de l'œil. On s'accordait généralement à regarder cet œil comme à jamais perdu. La famille était dans la désolation la plus complète. Le père, homme d'une grande foi, conduisit l'enfant au Bienheureux, le pria de la bénir, et lui demanda ce qu'il pensait de la malade. « Ne craignez rien, lui répondit le Saint; votre fille guérira avec le secours divin. » Puis il posa la main sur l'œil de la malade, y fit le signe de la croix, et quelques instants après elle était guérie.

Lorsque Thomas avait ainsi, par la prière et les œuvres de charité, attiré sur lui les grâces de Dieu, il se livrait avec ardeur au ministère de la prédication, annonçant la parole sainte chaque jour, plusieurs fois même par jour, surtout le dimanche et pendant le carême; il entendait ensuite les confessions des pécheurs, et indiquait aux âmes saintes les voies de la perfection. Le reste du temps était consacré au catéchisme, à la consolation des affligés, à la visite des malades et au soulagement des pauvres. Il avait surtout pour ces derniers une compassion extraordinaire; sans cesse il prêchait aux riches la charité envers ces membres souffrants de Jésus-Christ, et il savait exciter leur générosité en leur promettant, comme récompense, la grâce d'une bonne mort et une éternité de bonheur.

Les riches habitués ainsi à voir Jésus-Christ dans les indigents, se dépouillaient volontiers de leurs richesses pour donner un peu de pain et un vêtement à l'Homme-Dieu caché sous les humbles apparences de la pauvreté. Parfois, le Bienheureux faisait plus : lorsqu'il mangeait avec ses amis, il se privait toujours de quelque morceau et demandait la permission de le remettre aux pauvres. On l'a même vu imposer cette privation à ceux qu'il appelait *ses vieux amis,* et arrêter au passage le morceau qui leur était présenté : « Vous mangez trop, leur disait-il gaiement; réservez quelque chose pour les pauvres, » et aussitôt saisissant les écuelles garnies, il les faisait porter aux indigents qui le suivaient partout.

Il faisait (*garnissait*) une écuelle charitable,
Quand il était assis à sa table
Avec ses amis anciens.....,
En leur enlevant leur boisson (*bouillon*)
Paisiblement et sans sermonner,
Puis pour Dieu il la faisait donner
A un impotent ou à une meschine (*pauvre femme*)
Qui fût malade ou en gésine (*en couches*) (1).

Il ne se bornait pas, à l'égard de ces derniers, à l'aumône corporelle ; il leur distribuait aussi l'aumône spirituelle, les exhortant surtout à supporter leurs souffrances avec patience et en esprit de pénitence. « Toutes nos peines, leur disait-il, ne nous arrivent que par la permission ou la volonté de Dieu ; il nous aime ardemment et il sait bien mieux que nous ce qui convient à notre salut éternel. » Ces infortunés, ranimés par ses touchantes exhortations et la sainteté de sa vie, se soumettaient avec une joyeuse résignation aux desseins de la Providence sur eux, et rien ne pouvait les troubler ni les affliger au milieu de leurs épreuves et de leurs tribulations.

Parmi des occupations si diverses, le saint trouvait encore, pendant la journée, quelques moments de liberté pour méditer et se mortifier. Un attrait particulier surtout le portait vers la médi-

(1) Une escuele charitable
Feset quant iert séant à table
Avec ses amis anciens.....,
En retollant la bouesson
Pesiblement sans sermoneir,
Puis pour Dieu la feset donneir
A impotent ou a meschine
Qui fut malade ou en gésine.

tation des souffrances de Notre Seigneur Jésus-Christ et la considération du crucifix ; il ne pouvait regarder Jésus-Christ en croix sans être attendri profondément. Or, un jour qu'il le considérait avec plus de ferveur que de coutume, il sentit tomber de ses yeux, au milieu d'un torrent de larmes, une goutte de sang qui colora son visage. Il en a fait lui-même l'aveu à une personne de haute piété quelques jours avant sa mort. La même sensibilité se manifestait en lui, lorsqu'il apprenait quelque faute échappée à la faiblesse humaine ; il éprouvait alors, disait-il, la douleur qu'éprouva Jésus lorsque les soldats inhumains mirent sur sa tête adorable une couronne d'épines, et dans son zèle il voulait expier lui-même ces fautes par la mortification la plus rigoureuse. La discipline avec la lanière de cuir ne suffisait plus ; il employait le genêt épineux et le houx : « *Du genêt, du houx,* disait-il à ses amis intimes, cela est excellent pour se discipliner ; la dureté en est supportable et les effets en sont durables. » C'était là pour lui un moyen habituel de pénitence quand il traversait des forêts où croissaient ces arbrisseaux. Il s'éloignait alors de ses clercs et se frappait si fortement que ceux-ci pouvaient entendre le bruit des coups qu'il se donnait. D'autres fois, saisissant la pointe de fer dont était armée sa ceinture, il l'enfonçait si profondément dans sa chair, qu'au rapport de ses compagnons, le sang ruisselait jusqu'à terre. Les plaies encore sanglantes que l'on découvrit après sa mort sur sa poitrine, sur ses bras et sur ses jambes furent une preuve sensible de la cruauté qu'il avait toujours exercée sur son corps.

Telle fut la vie apostolique du bienheureux Thomas. On peut juger par là quel dut être le succès de son ministère. Dieu était visiblement avec son serviteur, ou plutôt opérait en lui et par lui les prodiges de grâce que l'on put constater dans ses missions. Son éloquence paraissait *plus divine qu'humaine, et plutôt infuse qu'acquise.* Il maniait à son gré les esprits et les cœurs et en obtenait tous les sacrifices que demandait leur intérêt spirituel. Lorsqu'il montrait la malice du péché, la rigueur des châtiments éternels ou les joies du paradis, les pécheurs les plus endurcis étaient saisis d'épouvante, et ils se convertissaient en foule. On les voyait, pendant ses prédications, verser des torrents de larmes; tous voulaient déposer dans son cœur paternel les secrets de leurs consciences. Beaucoup même, craignant de mourir avant d'être réconciliés avec Dieu, allaient au-devant de lui et le forçaient par leurs instances d'entendre leurs confessions le long du chemin.

Alors il s'éloignait de la *presse*
Et puis les entendait à confesse (1).

Lorsqu'il devait aller prêcher dans une paroisse, les habitants ravis de ce bonheur venaient à sa rencontre en criant : « Voilà l'homme de bien! voilà l'homme de Dieu ! »

Les uns disaient : « C'est le saint Homme,
Voici venir le saint Homme. »
Les autres, tous, gros et menus :
« Voici l'homme de Dieu venu. »

(1) Si s'éloignet hors de la presse
Et puis les oet de confesse.

Ainsi était sa sainte renommée,
Du peuple partout célébrée :
Cela nous le fasse bien savoir,
Mieux vaut bon renom que grand avoir (1).

Ils s'attachaient à sa personne et ne pouvaient plus s'en séparer. A son départ, ils le suivaient en grand nombre, et restaient avec lui pendant plusieurs jours et même plusieurs semaines, afin d'affermir sous sa direction leurs bonnes dispositions.

Tant de bien produit parmi les populations qu'il évangélisait excita les autres pasteurs des âmes à l'appeler au milieu de leur troupeau ; il parcourut ainsi en apôtre toutes les paroisses du diocèse de Coutances ; et comme si ce diocèse n'eût pas suffi à l'ardeur de son zèle, il voulut encore évangéliser les diocèses d'Avranches, de Bayeux et de Lisieux. Partout ce fut le même succès, la même bénédiction.

IV

Il est nommé aumônier de saint Louis. — Son ministère pastoral à Saint-Maurice. — Sa retraite à Biville. — Sa maladie. — Sa mort.

Le roi saint Louis, qui gouvernait alors la France, ayant entendu parler des vertus héroïques de notre

(1) Les uns disoient : Chest le Saint Home,
Veez chy venir le Saint Home ;
Les autres tous gros et menu :
Veez chy l'home de Diex venu ;
Si iert la sainte renommée
Du peuple partout célébrée.
Che nous foise bien à saveir,
Mielx vault bon nom que grant aveir.

Bienheureux, désira l'attacher, au moins honorifiquement, à sa personne ; il le nomma son aumônier. D'après la tradition, Thomas aurait profité de cette confiance pour demander au roi de prendre sous sa protection l'hôpital de Coutances et de lui accorder quelques droits et franchises dans la forêt de Brix. Deux chartes authentiques nous attestent que cette dotation fut accordée. Ce fut probablement à cette occasion que ce grand monarque fit don au Bienheureux de la *magnifique chasuble* aux armes de France et de Castille, et du *précieux calice en vermeil* que l'on conserve encore à Biville.

« Cette chasuble, dit un célèbre archéologue de Normandie, M. de Caumont, cette chasuble, dont le tissu se compose de soie et de fil d'or, offre sur toute sa surface des compartiments en losange formant une sorte de damier. Quatre figures sont brodées dans les losanges, savoir : *une fleur de lis, une façade de château à trois tours crénelées, une aigle et un lion efflanqué allongé.* Ces figures héraldiques appartiennent à saint Louis et à sa famille. La *fleur de lis* est le signe héraldique des rois de France, et les *trois tours* étaient les armoiries de Blanche de Castille, mère de saint Louis. Le *lion allongé et efflanqué* appartenait au royaume de Léon, depuis longtemps uni à la Castille sous la domination de la reine Blanche; les deux royaumes une fois réunis, on en cumula les armoiries. Enfin, *l'aigle simple de sable* formait les armoiries de la maison de Maurienne; or Marguerite de Provence, femme de saint Louis, était fille de Raymond Bérenger, comte de Provence, et de Béatrix, fille de Thomas, comte de Maurienne et de Savoie ; ainsi l'aigle que nous voyons appartenait aux armoiries de la famille de la reine de France.

« Les armes de France et de Castille sont disposées sur la même ligne et alternent : les lions et les aigles sont disposés en lignes horizontales sans alternat ; de sorte que chaque ligne, composée de fleurs de lis et du château de Castille, se trouve encadrée entre une ligne de lions et une ligne d'aigles.

« Les couleurs sont, comme on le pense, très ternies ; les armes de France et de Castille paraissent avoir été sur fond rouge, les autres sur fond de sinople ou verdâtre, et comme il y a deux rangs de ces dernières armoiries pour un des armes de France et de Castille, la teinte verdâtre domine. Le galon qui pare la chasuble au centre est d'un travail particulier. »

Cet ornement, dont la forme est antique, se termine en pointe, par devant et par derrière, et descend des épaules jusque sur les mains.

« La forme du calice, ajoute M. de Caumont, est celle du treizième siècle ; sur le pied du calice on lit, répétés six fois, ces mots : *Sui donné par amour*. »

Ce calice a $0^{m},160$ de hauteur ; le pied a $0^{m},133$ de diamètre ; la coupe a $0^{m},115$ de diamètre et $0^{m},060$ de hauteur ; la patène a $0^{m},150$ de diamètre.

Cependant malgré ces honneurs, le Bienheureux se trouva accablé sous le poids de ses austérités et de ses travaux ; la pensée des jugements de DIEU l'épouvanta, et il songea à se retirer à Biville, afin de ne plus penser qu'à son salut éternel. L'Évêque de Coutances s'opposa à ce projet ; il se rendit près du saint et lui proposa la cure de Saint-Maurice, petite paroisse située à quelques lieues de Biville. « Allez, lui dit-il; tout l'avantage de votre bénéfice consistera à endurer beaucoup de misères et à nourrir la plupart de vos paroissiens; cette paroisse, ajouta le Prélat, est remplie de pauvres et d'infirmes qui vous accableront de soucis et vous feront répandre à chaque instant des larmes de compassion. » C'était prendre le Bienheureux par son côté faible. Il accepta la proposition qui lui était faite au nom de Dieu. « Je vous assure, dit-il au Prélat en se jetant à ses pieds, que ni le Souverain Pontife ni le Roi ne pourraient m'offrir rien qui me fût plus agréable; le seul regret que j'éprouve, c'est d'avoir si peu de force et de vie à consacrer à ces paroissiens qui désormais vont m'être si chers. Si je puis être utile au service de mes frères, je ne refuse pas le travail. »

Dieu bénit le ministère pastoral du Bienheureux comme il avait béni ses missions, et bientôt l'on vit avec bonheur la piété la plus solide régner dans la paroisse de Saint-Maurice. On conserve encore à Saint-Maurice une chasuble, une aube et un cordon qui ont appartenu au saint curé.

Thomas Hélye resta pendant deux ans environ à la tête de ce petit troupeau.

A la fin, les forces lui manquèrent complètement, et il dut résigner ses fonctions entre les mains de son Évêque. Libre alors de tout souci extérieur, il ne songea plus qu'à se préparer à la mort. De nombreuses infirmités, supportées avec un courage héroïque, contribuèrent puissamment à ce qu'il appelait *la purification de son âme*. Une seule chose le contristait au milieu de ses douleurs : c'était de ne pas pouvoir offrir chaque jour le saint sacrifice de la messe. Lorsqu'il ne pouvait aller à l'église, le curé de Biville faisait agiter la cloche pendant la messe, au moment de la consécration et de la communion, afin de prévenir le Bienheureux que la Victime adorable était immolée sur l'autel; après la messe, il lui portait la sainte communion. Thomas, afin de mieux honorer le Saint-Sacrement, avait désiré que cette cérémonie fût accomplie avec toute la solennité que permettait l'Église. Un grand nombre de clercs et de fidèles, avides de contempler la ferveur du malade, accompagnaient le prêtre, portant des flambeaux et chantant l'invitatoire : « *Voici le Roi qui vient*, *allons au-devant de lui*, ou bien : *Béni soit le Fils de* MARIE, etc. *Ecce venit Rex*, *occurramus*, etc., vel *Benedictus* MARIÆ *Filius*, etc. » Arrivé au domicile du Bienheureux, le prêtre déposait la sainte Hostie sur une table, couverte d'une nappe d'autel. Alors le Bienheureux, agenouillé près de la table, prenant lui-même son Sauveur entre ses mains, s'entretenait longtemps avec Lui, comme s'il l'eût vu sous une forme humaine, et enfin se communiait lui-même de ses propres mains. C'était là un spectacle qu'on aimait toujours à considérer, et qui laissait dans l'âme des assistants une impression extraordinaire de joie et de bonheur. Aussi le voyait-on avec le plus grand plaisir se renouveler souvent. DIEU cependant devait bientôt y mettre un terme en abrégeant les jours et les souffrances de son dévot serviteur.

Une maladie vint surprendre le Bienheureux un jour où un mieux relatif lui avait permis d'aller exercer un office de charité auprès des seigneurs de Vauville, à peu de distance de Biville. La mort l'y attendait. Il le comprit facilement. « La fin approche, pouvait-il répéter avec saint Jean, la fin approche : *Finis venit, venit finis.* » A ce moment la crainte des jugements divins s'empara de lui, et l'humilité lui faisant supposer que ses mains étaient vides, il essaya de trouver dans les mérites d'autrui un supplément à son dénuement personnel. Il fit écrire aux prêtres du diocèse de Coutances pour leur demander des prières : « car, leur disait-il, nous devons bien nous pénétrer de cette vérité : l'âme sortant du corps, pour entrer dans son éternité, a besoin d'y être précédée et accompagnée par de nombreuses prières et par de bonnes œuvres. »

Il fit parvenir aussi à un seigneur du pays et à son épouse, dame de haute vertu, un petit billet contenant ces mots : « Je tiens à vous le faire savoir : je vais en paradis ; là je vous servirai d'intercesseur, autant qu'il me sera permis. » *Ego vos faciam scire quòd vadam ad curiam paradisi, ubi procurator vester ero, quantum mihi permissum fuerit.*

Il reçut pour la dernière fois le Pain des anges, puis il se fit lire les passages de l'Évangile concernant l'Incarnation et la Passion de N.-S. Jésus-Christ ; la pensée de ces grands mystères et la présence de son Dieu dans son cœur ramenèrent en lui le calme et la confiance; il ne pouvait craindre un juge qui lui avait donné tant de preuves d'amour; des soupirs embrasés s'échappèrent de ses lèvres, et ses yeux élevés vers le ciel semblèrent déjà contempler la céleste patrie. Déjà, comme le diacre Étienne, il voyait les cieux ouverts ; un léger fil de vie le séparait seul de son Bien-Aimé. Bientôt ce fil se rompit. Sur la demande du Bienheureux, un des prêtres présents récita ce verset du Psalmiste : « *Seigneur, je remets mon âme entre vos mains.* » Au même instant les yeux du Bienheureux se fermèrent pour toujours à la lumière d'ici-bas pendant que son âme s'envolait vers le séjour éternel ; c'était le 19 octobre 1257.

Voici dans quels termes le poète haguais nous rend compte de cette mort :

..... Thomas Hélye
Termina sa corporelle vie,
Comme doit faire un bon chrétien,
Plein de jours, vieux et ancien,
Qui à Dieu est, fut et soit,
L'an mil deux cent cinquante-sept.
On pleura beaucoup en tel cas,
Le lendemain du jour Saint-Lucas,
Justement à l'heure de none,
A l'heure que porta couronne
D'épines notre Sauveur (1).

(1) ..... Thomas Elie
Termina sa corporel vie,
Que det fere bon chrestien,
Plein de jours, viel et ancien,
Qui à Dieu est et fut et set,
L'an mil CCLVII.
Dont len ploura moult en tel cas
Lendemain du jour Saint-Lucas
Dretement à houre de none,
A l'houre que porta courone
Despine nostre Salveūr.

V

Pèlerinages au tombeau de Thomas Hélye. — Ses miracles. — Son culte. — Sa béatification.

La mort respecta les restes mortels du saint prêtre; ses membres conservèrent leur flexibilité, *sa chair était aussi belle que celle d'un enfant,* ou pour employer les expressions du poète :

Sa chair en corps et en visage,
Est d'un enfant de jeune âge (1).

A la nouvelle de cette mort, les peuples accourent de tous côtés pour contempler et vénérer la dépouille mortelle du Bienheureux ; les uns coupent ses cheveux, les autres baisent ses mains avec un religieux respect; tous déposent sur son corps divers objets pour les conserver comme des reliques.

Le lendemain, le corps du Saint fut transporté à Biville au milieu d'un concours innombrable de prêtres et de fidèles, et inhumé dans le cimetière, selon le désir du Bienheureux. La cérémonie fut un vrai triomphe; deux guérisons, qui l'accompagnèrent, enflammèrent la dévotion et la confiance des habitants; ils proclamèrent Thomas Hélye leur patron et leur protecteur, et jamais, depuis cette époque, leur dévotion et leur confiance ne se sont ralenties.

(1) Sa char en corps et en visage
Est dun effant de jeune aage.

Cette confiance dans les mérites du Bienheureux fut dès le principe partagée par tout ce que le siècle et l'Église comptaient alors de personnages éminents. Le roi saint Louis, nous rapporte la tradition, fit élever, en l'an 1260, une magnifique chapelle gothique, ou plutôt un commencement d'église, pour y déposer la dépouille mortelle du Saint. Le Souverain Pontife lui-même, raconte Clément, ordonna à l'Évêque de Coutances, Jean d'Essey, de procéder à une information canonique sur la vie, les mérites et les miracles du Bienheureux. Les deux cardinaux Hugues de Saint-Cher et Eudes de Châteauroux, qui jadis avaient connu intimement Thomas pendant ses études théologiques à Paris, joignirent leurs instances à celles du Pape et prièrent l'Évêque d'activer cette enquête. La chose était facile ; les témoins de la vie du serviteur de Dieu, les personnes qui avaient été l'objet de ses miracles vivaient encore ; on put les entendre ; Clément, l'historien, assista à toutes les réunions et recueillit toutes les dépositions.

L'enquête fut poussée avec tant d'activité que, dès l'année 1263, on put envoyer les pièces à Rome. « Le Souverain Pontife, dit Clément, approuva la vie du Bienheureux, ainsi que quatorze de ses miracles ou environ, ce qui était suffisant pour obtenir sa canonisation. Cependant, comme les commissaires n'étaient point revêtus des titres canoniques requis pour cette mission, le Pape renvoya les pièces à l'Évêque de Coutances avec ordre d'informer de nouveau sur les miracles déjà cités et sur ceux qui auraient pu s'opérer depuis. »

Jean d'Essey se remit donc à l'œuvre, renouvela l'enquête, et examina les nouveaux miracles ;

il était sur le point de renvoyer à Rome le résultat de l'information, lorsque la mort vint le surprendre en 1273, et arrêter ainsi la procédure.

Cependant les prodiges se multipliaient de plus en plus au tombeau du Saint; ils étaient assez nombreux en 1274 pour que le même historien, après avoir relaté les miracles reconnus par Rome, ne craignît pas d'ajouter ces paroles : « DIEU *opéra et opère encore beaucoup d'autres miracles par les mérites de son serviteur ; ils ne sont pas rapportés dans cet écrit ; leur récit demanderait beaucoup de volumes.* Multa quidem et alia signa per merita dicti beati viri, quæ non sunt scripta in libro hoc, operatus est Dominus, et adhuc non desinit operari : quæ si quis omnia vellet scribere, multa volumina continerent. »

Vingt ou vingt-cinq ans plus tard, le poète haguais s'exprimait de la même façon, lorsqu'il disait :

. . . . Thomas Hélye
Pour l'amour de qui, en vérité,
DIEU a deux morts ressuscité,
Et fait choses si merveillables,
Qui nous paraissent innombrables (1).

Les écrivains postérieurs n'ont pas parlé autrement; Mgr du Saussay, évêque de Toul, dans son Martyrologe gallican, publié en 1637, va jusqu'à

(1) . . . . Thomas Élie
Pour qui amor en veritey
A Diex II mors ressussitey,
Et tant d'autres si mervellables,
Qu'ils sont quant à nous innombrables.

appeler Thomas Hélye « l'*avocat* auprès de Dieu de la basse Normandie, et le *glorieux thaumaturge* de la province, à cause des miracles sans nombre qu'il a opérés pendant sa vie, après sa mort et qu'il opère encore maintenant. »

Une information canonique faite en 1699 contient l'assertion suivante :

« Le don des miracles que Dieu lui (au bienheureux Thomas) a accordé ne s'étend pas à la guérison d'une seule maladie ; mais on la réclame dans toutes sortes de NÉCESSITÉS PUBLIQUES OU PARTICULIÈRES, soit de l'âme, soit du corps, et on ressent dans ces circonstances les effets de sa protection ; *car des aveugles, des muets, des sourds, des pestiférés, des paralytiques, des hydropiques, des personnes atteintes du mal caduc ou de quelque cancer* obtiennent leur guérison par son entremise ; bien plus, des *morts ressuscitent.* »

Les procès-verbaux des miracles conservés à Biville montrent que les siècles n'ont pas diminué la puissance de ce thaumaturge ; sa protection se manifeste chaque année par de nouvelles faveurs.

Tant de prodiges, on le conçoit, amenèrent de bonne heure au tombeau du Bienheureux une foule de pèlerins ; parmi eux figure, en 1266, Odon Rigaud, archevêque de Rouen. Ces pèlerins introduisirent peu à peu, dès l'origine, un véritable culte en l'honneur du Saint. En 1317, une confrérie fut érigée à Biville en l'honneur de Dieu, *de tous les saints et du décès de Thomas Hélye*, et plus tard approuvée par le Pape. Un article de ses statuts portait qu'*un luminaire devait toujours être entretenu* dans la chapelle où reposait le corps du thaumaturge.

Il ne manquait plus qu'une chose, l'approbation officielle de ce culte par l'autorité suprême. Elle a enfin été accordée après six siècles d'attente. En 1859, le Souverain Pontife Pie IX, de vénérée mémoire, après un examen attentif des vertus héroïques et des miracles du prêtre dont nous retraçons la vie, lui a décerné le titre de *Bienheureux,* et a autorisé son culte public dans le diocèse de Coutances et Avranches. La fête a lieu le 19 octobre. Puisse le Bienheureux recevoir bientôt le titre de *Saint* et les honneurs de la *canonisation!*

Grâce au courage héroïque d'un prêtre et de quelques fidèles, les ossements du Bienheureux ont pu être complètement préservés des ravages de la Révolution. Ils sont renfermés dans une magnifique châsse en chêne plaquée d'argent.

Des missionnaires ont été préposés par Mgr Germain, évêque de Coutances et Avranches, à la garde du tombeau et des reliques du serviteur de Dieu ; sur un ordre de Sa Grandeur, ils travaillent à la restauration et à l'achèvement du sanctuaire qui abrite des restes si précieux, sanctuaire, avons-nous dit, commencé en 1260, sous le règne et par l'ordre de saint Louis. Dans ce but, ils osent faire appel à la générosité des âmes chrétiennes ; ils recevront avec reconnaissance *l'obole et le sou du pauvre* comme *l'aumône plus abondante du riche.* En retour, ils promettent de prier et de faire prier tous les jours pour les bienfaiteurs vivants ou défunts ; de plus, une messe est dite le premier mardi de chaque mois à l'intention de ces mêmes bienfaiteurs.

Daigne le bienheureux Thomas, A L'OCCASION DES NOCES D'ARGENT DE SA BÉATIFICATION, répandre les bénédictions les plus abondantes sur les âmes généreuses qui voudront bien contribuer à l'embellissement de son sanctuaire!

Daigne pour nous prier ce *prestre*
Pour qu'avec DIEU nous soyons à sa *dextre*,
Quand nous viendrons à *l'examen :*
N'est pas clerc (*sage*) qui ne dit : *Amen* (1).

H. P. B.

PRIÈRE POPULAIRE AU B. THOMAS HÉLYE

Bienheureux Thomas, qui avez rendu la santé à un grand nombre de malades et d'infirmes, procurez-nous la santé du corps et surtout la santé de l'âme, afin que, marchant sur vos traces dans l'humilité, la charité, la pénitence et le renoncement au monde et à nous-mêmes, nous méritions d'avoir part avec vous aux joies ineffables de l'éternité. Ainsi soit-il.

(1) Prier pour nous vuille cest prestre
Qu'ove DIEX seon à sa destre,
Quand nous viendrons à l'*examen ;*
N'est pas clerc qui ne dit : *Amen.*

(Voir les Annonces sur la Couverture.)

Toulouse. — Imp. L. Hébrail et Delpuech, rue de la Pomme, 5.

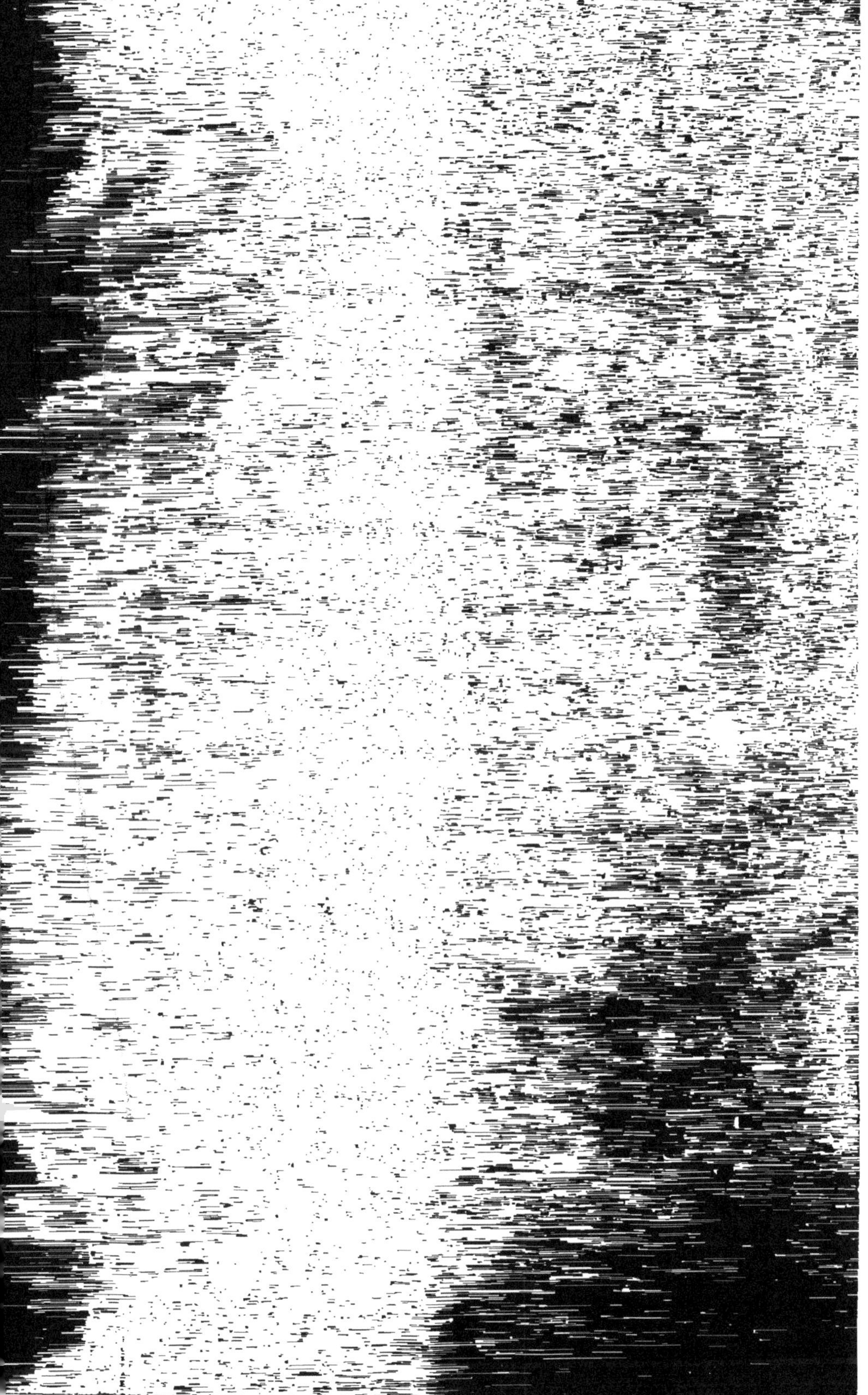

[illegible]N VENT[illegible]

[illegible] DE L'ÉGLISE [illegible]

[illegible] *du B. Thomas* [illegible]
[illegible] — Prix **20** [illegible]

[illegible] *du B. Thomas.* — [illegible]

[illegible] *de la chasuble* [illegible]
[illegible] Louis. — Même [illegible]

[illegible] du calice donné [illegible]
[illegible] Louis. — Même prix.

[illegible] photographies, *émaillé*[illegible]

[illegible] *Thomas.* — In-12. — [illegible]

[illegible] pris ensemble, sont expédiés [illegible]
[illegible] c., ou de **3** fr. **90** c., [illegible]
[illegible] émaillées.

[illegible] *andes aux Miss*[illegible]
[illegible]*gue (Manche)* [illegible]
[illegible]*oulouse.*

www.ingramcontent.com/pod-product-compliance
Ingram Content Group UK Ltd.
Pitfield, Milton Keynes, MK11 3LW, UK
UKHW020953220726
13924UKWH00002B/666